まちごとインド

South India 009 Rameswaram

ラーメシュワラム
「ラーマーヤナ」と最果ての聖地

இராமேஸ்வரம்

Asia City Guide Production

【白地図】南インド

INDIA
南インド

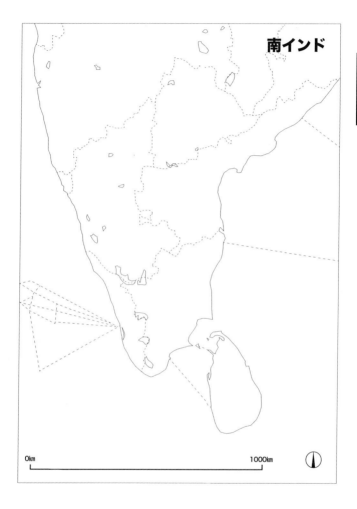

【白地図】タミルナードゥ州

INDIA
南インド

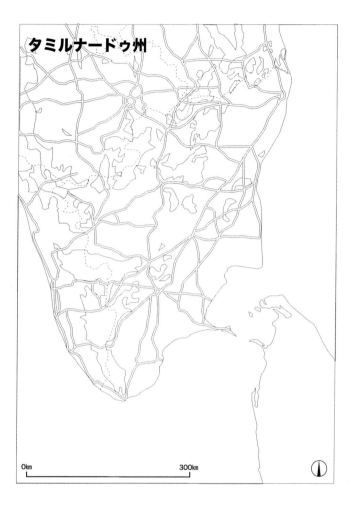

【白地図】黄金四辺形と四大神領

INDIA
南インド

黄金四辺形と四大神領

白地図

【白地図】ラーメシュワラム

INDIA
南インド

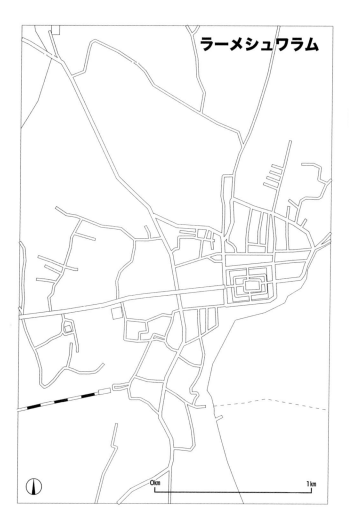

【白地図】ラーマナータスワーミ寺院

INDIA
南インド

ラーマナータ
スワーミ寺院

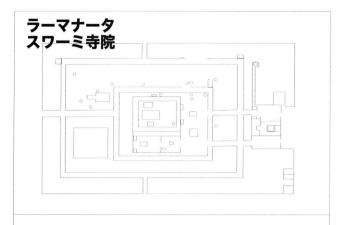

ラーメシュワラム
中心部

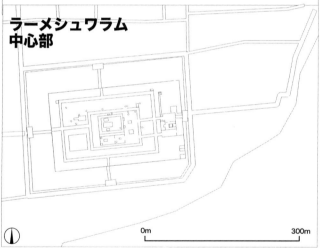

0m 300m

Rameswaram 白地図

【白地図】ラーメシュワラム郊外

INDIA
南インド

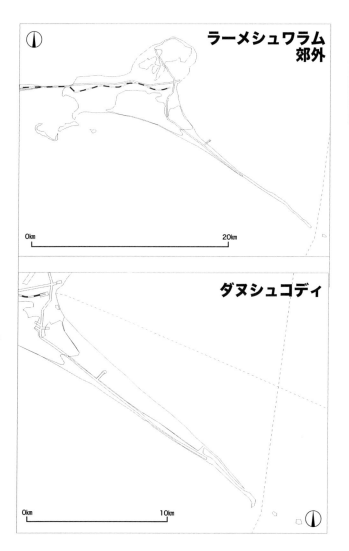

【白地図】マンナール湾

INDIA
南インド

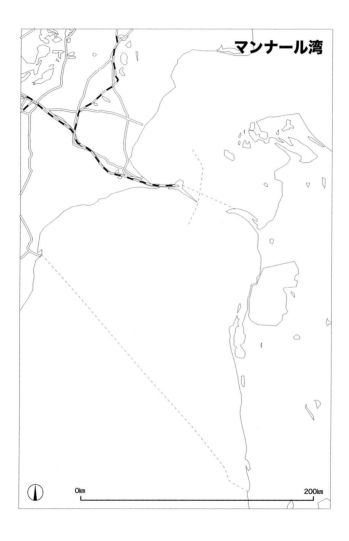

【まちごとインド】
南インド 001 はじめてのタミルナードゥ
南インド 002 チェンナイ
南インド 003 カーンチプラム
南インド 004 マハーバリプラム
南インド 005 タンジャヴール
南インド 006 クンバコナムとカーヴェリー・デルタ
南インド 007 ティルチラパッリ
南インド 008 マドゥライ
南インド 009 ラーメシュワラム
南インド 010 カニャークマリ

INDIA
南インド

スリランカへ向かって伸びるインド南東端の半島の先に浮かぶ島ラーメシュワラム。海峡をはさんでスリランカとはわずか 30 kmしか離れておらず、島の東側に立つラーマナータ・スワーミ寺院はインドを代表する巡礼地となっている。

　古代インドの叙事詩『ラーマーヤナ』では、ラーマ王子はこの地から魔王ラーヴァナの棲むランカー島（スリランカ）へ渡ったと伝えられる。こうしたところからラーメシュワラムでは『ラーマーヤナ』に登場する物語や場所がいくつも残っ

ラーメシュワラム
Rameswaram
இராமேஸ்வரம்

ている。

　ラーマ王子は魔王ラーヴァナを倒したあとこの地に戻り、浄めのためにシヴァ・リンガをまつったことで、ラーメシュワラムは巡礼地となった。ラーマ王子はヴィシュヌ神の化身と見られていることから、シヴァ信仰とヴィシュヌ信仰の融合した性格をもつ聖地となっている。

【まちごとインド】
南インド 009 ラーメシュワラム

INDIA
南インド

目次

ラーメシュワラム………………………………………………xvi

ラーマの足あと訪ねて ………………………………………xxiv

ラーマナータスワーミ寺院鑑賞案内 ………………………xxxiii

ラーメシュワラム城市案内……………………………………xliii

郊外城市案内 …………………………………………………xlviii

スリランカへと続く路…………………………………………lviii

【MEMO】

【地図】南インド

INDIA
南インド

【地図】タミルナードゥ州

INDIA
南インド

ラーマ
の足あと
INDIA 南インド
訪ねて

魔王の棲むランカー島の前に横たわる海
猿の軍団の助けで橋をかけたラーマ王子は
魔王ラーヴァナの討伐に成功し、この地に戻った

『ラーマーヤナ』ゆかりの地

『マハーバーラタ』とならぶ古代インドの叙事詩『ラーマーヤナ』。アヨーディヤーのラーマ王子が魔王ラーヴァナに連れ去られたシーター姫を救出する物語で、実際にあった話をもとに2世紀ごろに現在のかたちになった。南へ南へ旅を続けたラーマ王子は、シーター姫がランカー島にいることを突きとめたが、そこには海が横たわっていた。こうしたなか猿の軍団がランカー島への橋をかけ、ラーマ王子は魔王ラーヴァナを退治する。ランカー島への橋をかけた場所こそラーメシュワラムだとされ、ラーマ王子はヴィシュヌ神の化身と

▲左　ラーメシュワラムのバザール。　▲右　スリランカまでわずかの距離のダヌシュコディにて

見られるようになった。

最果ての聖地

ガンジス河の岸辺に開けたバラナシはじめ、インドには数多くの聖地があり、ラーメシュワラムもその代表格にあげられる。このラーメシュワラムは結界のようにインド亜大陸の四隅に位置する「四大神領（北のバドリナート、東のプリー、西のドワールカー、南のラーメシュワラム）」のひとつを構成し、ヴィシュヌ派の聖地とされる。一方で、バラナシやウッジャインなどとともにシヴァ神の「12の光輝くリンガ」の

INDIA
南インド

ひとつがまつられたシヴァ派の聖地という顔ももつ。ラーメシュワラムという地名は、ヴィシュヌ神の化身であるラーマ王子が建てた「イーシュワラ寺院(シヴァ派寺院)」を意味する。

ラーメシュワラムの構成

マドゥライから南東に 165 km、マンナール湾に浮かぶラーメシュワラム島。面積 55 キロ平方メートルほどの小さな島の東岸にラーマナータ・スワーミ寺院が立ち、ここが巡礼の中心地になっている。また島の中心から南東に向かって細長い

▲左　バザールの様子、南国の陽気が漂う。　▲右　巡礼に訪れた人びと、南インドを代表する聖地

半島が伸び、その先にはアダムス・ブリッジと呼ばれる7つの小さな島がスリランカへと続いている。パーンディヤ朝やチョーラ朝といった南インドの王朝がたびたび、海峡を越えてスリランカへ進出したこともあり、スリランカ北部には多くのタミル人が暮らしている。

【地図】黄金四辺形と四大神領

【地図】ラーメシュワラム

【地図】ラーメシュワラムの [★★★]
- [ ] ラーマナータスワーミ寺院 Ramanathaswamy Temple

【地図】ラーメシュワラムの [★★☆]
- [ ] 沐浴場 Agni Teertham
- [ ] ガンダマダナ・パルヴァタム Gangdamadana Parvatham

【地図】ラーメシュワラムの [★☆☆]
- [ ] バザール Bazar

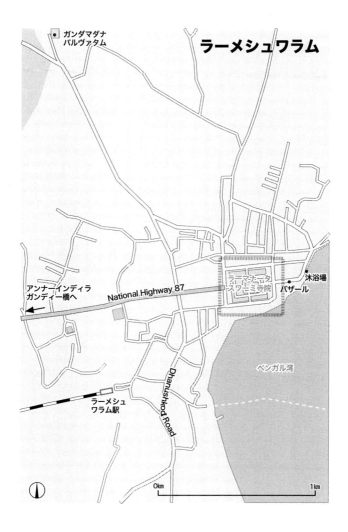

Guide, Ramanathaswamy Temple
ラーマナータスワーミ寺院鑑賞案内

魔王討伐後に浄めの沐浴を行なったラーマ王子
この伝説にちなむラーメシュワラムに巡礼すれば
あらゆる罪が浄められるという

ラーマナータスワーミ寺院
Ramanathaswamy Temple [★★★]

魔王ラーヴァナを退治したラーマ王子によるシヴァ・リンガを安置するラーマナータスワーミ寺院。古くは隠者が暮らす庵があったと伝えられ、12世紀、スリランカのパラクラーマ・バクー1世（在位1153～86年）によって中央の神殿が建てられた（当時、チョーラ朝の侵攻を受けていたスリランカは、この王の時代に盛り返し、南インドへ遠征を行なった）。その後、近郊の領主の寄進を受けて祠堂、周壁、門塔ゴープラなどの増築が続き、17～18世紀のナーヤカ朝時代に現在の

INDIA
南インド

▲左　22の聖なる泉を巡礼する。　▲右　ドラヴィダ式の門塔ゴープラ、南インドで発達した

姿になった。本尊のリンガはシヴァ神、ラーマ王子はヴィシュヌ神の化身とされることから、宗派を問わず人々は巡礼に訪れる。

ゴープラ Gopuram ［★★☆］

中央本殿をとり囲むように東西350m、南北200mの周壁がめぐらされ、その東西南北にドラヴィダ様式の門塔ゴープラが立つ。ゴープラは聖域と外界をつなぐ役割を果たし、とくに南インドで発達した。12世紀以後、段階的に周壁がめぐらされ、ゴープラが寄進されたが、正門（東門）にあたる高

【MEMO】

ラーマナータスワーミ寺院鑑賞案内

【地図】ラーマナータスワーミ寺院

【地図】ラーマナータスワーミ寺院の ［★★★］
- [ ] ラーマナータスワーミ寺院 Ramanathaswamy Temple

【地図】ラーマナータスワーミ寺院の ［★★☆］
- [ ] ゴープラ Gopuram
- [ ] 回廊 Cloister
- [ ] 本殿 Main Temple
- [ ] 22 の聖なる泉 Tirtha
- [ ] 沐浴場 Agni Teertham

【地図】ラーマナータスワーミ寺院の ［★☆☆］
- [ ] バザール Bazar

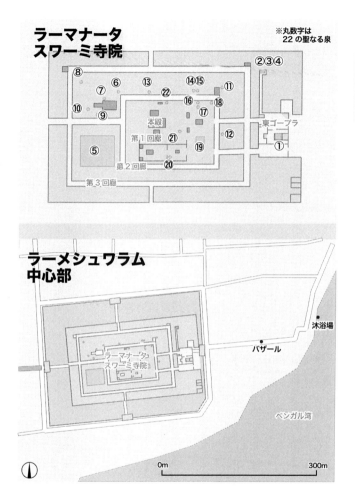

さ40mのゴープラは20世紀初頭に建設された。

回廊 Cloister ［★★☆］

ラーマナータスワミ寺院では、第1回廊から第3回廊までの三重の回廊が本殿をとり囲む。この回廊はインドの寺院でもっとも長いと言われ、高さ9m、長さ1220mとなっている。回廊に立つ1200本の柱には3000体もの彫刻がほどこされ、天井には神々の世界を象徴的に表現した幾何学図形（ヤントラ）、壁には『ラーマーヤナ』の場面などが描かれている。

▲左 インド随一の長さを誇るという回廊。 ▲右 それぞれの泉にはバケツをもって水を浴びせてくれる人が待機している

本殿 Main Temple [★★☆]

ラーマ王子によるシヴァ・リンガが安置された本殿（男性器リンガは生命力の象徴と見られる）。ラーマ王子は猿神ハヌマンにリンガのための石を探させたが、そのあいだにシーター姫が海辺の砂でリンガをつくることを提案した。そこに石をたずさえたハヌマンが戻ってきたため、ふたつのリンガをまつるようになった。南インドの人はガンジス河岸辺のバラナシに巡礼したあと、ラーメシュワラムを訪れ、ガンジス河の水でこのリンガを沐浴させるという。

INDIA
南インド

22の聖なる泉 Tirtha [★★☆]

ラーマナータスワーミ寺院の敷地内にある22の聖なる泉。知恵、長寿など、それぞれの泉が効能をもち、巡礼者は本殿の礼拝前にこれらの泉で身を浄める。敷地内の各地に点在することから、回廊は水浸しになっている。

【MEMO】

Guide, Rameswaram
ラーメシュワラム城市案内

寺院を中心に街が形成されたラーメシュワラム
漁師たちによって獲られたエビや貝など海産物も見られ
南国の陽気がただよっている

バザール Bazar ［★☆☆］

寺院から海岸へ続く道の両脇には商店がずらりとならんでいる。インド南東端とスリランカのあいだのマンナール湾は、世界的に有名な真珠の産地で、バザールでは貝殻が見られる。

沐浴場 Agni Teertham ［★★☆］

ラーマナータスワーミ寺院の東側の海岸は巡礼者のための沐浴場となっている。ベンガル湾とインド洋が交わる地点にあたり、東からのぼる朝日にあわせて多くの人びとがここへ向かう。

INDIA
南インド

ガンダマダナ・パルヴァタム
Gangdamadana Parvatham [★★☆]

ラーメシュワラム島でもっとも高い丘に立つガンダマダナ・パルヴァタム。ラーマ王子（あるいはヴィシュヌ神）のものと言われる長さ22cmの足あとが残り、祠堂からは島を見渡すことができる。市街から北西に3kmに位置する。

アンナー・インディラ・ガンディー橋
Annai Indira Gandhi Bridge [★☆☆]

インド本土とラーメシュワラム島を結ぶアンナー・インディ

▲左　ガンダマダナ・パルヴァタムからは島を一望できる。　▲右　どこまでも続く水平線を見ながらの沐浴

ラ・ガンディー橋。海上を走るように伸びる橋の全長は2kmになり、1988年に完成した。

ラーマナータプラム Ramanathapuram [★☆☆]

ラーマナータプラムはラーメシュワラム島のある地域の中心都市。ラーメシュワラム島の西側（本土）に位置し、マドゥライなどとの列車や車が往来する。

もうひとつの『ラーマーヤナ』

『ラーマーヤナ』の物語では、アヨーディヤー（北インド）

INDIA
南インド

▲左 ラーメシュワラム駅、リキシャが待機している。　▲右 神猿ハヌマンの力を借りて、ラーマ王子はスリランカへ渡った

のラーマ王子が南へ旅しながら、ランカー島（スリランカ）に棲む魔王ラーヴァナを倒すという大きな流れがある。この『ラーマーヤナ』にはさまざまな版が伝えられ、南インドでは魔王ラーヴァナが好意的に描かれていることが多い。なかには苦行をよくするラーヴァナが正義役で、北インドから悪のラーマ王子が攻めてくるというものもあるという。こうした事情からは、北インドのアーリア人と南インドのドラヴィダ人との対立構造が見てとれる（北インドと南インドでは、人々の言葉、文化などが大きく違い、ドラヴィダ人はより古くからインドに暮らしていた）。

**Guide,
Around Rameswaram**

郊外
城市案内

INDIA
南インド

白い砂浜が続くラーメシュワラム島の海岸
神話に彩られた場所が点在し
ここから目と鼻の先にはスリランカが位置する

コザンダラーマール寺院 Kothandaramar Temple [★★☆]
市街中心部から南東に位置し、海上に浮かぶように立つコザンダラーマール寺院。ここは魔王ラーヴァナの弟ヴィヴィシャーナがラーマ王子に投降した場所だとされ、その忠告で魔王ラーヴァナのいるランカー島への橋をかける流れになったと伝えられる。寺院の前面には砂浜が広がり、美しい海が横たわっている。

ムーンラム・チャッティラム Moonram Chattiram [★☆☆]
白い砂浜が続く漁村ムーンラム・チャッティラム。わら葺き

【MEMO】

【地図】ラーメシュワラム郊外

【地図】ラーメシュワラム郊外の [★★★]
- [ ] ラーマナータスワーミ寺院 Ramanathaswamy Temple

【地図】ラーメシュワラム郊外の [★★☆]
- [ ] ガンダマダナ・パルヴァタム Gangdamadana Parvatham
- [ ] コザンダラーマール寺院 Kothandaramar Temple

【地図】ラーメシュワラム郊外の [★☆☆]
- [ ] アンナー・インディラ・ガンディー橋 Annai Indira Gandhi Bridge
- [ ] ムーンラム・チャッティラム Moonram Chattiram
- [ ] ダヌシュコディ Dhanushkodi

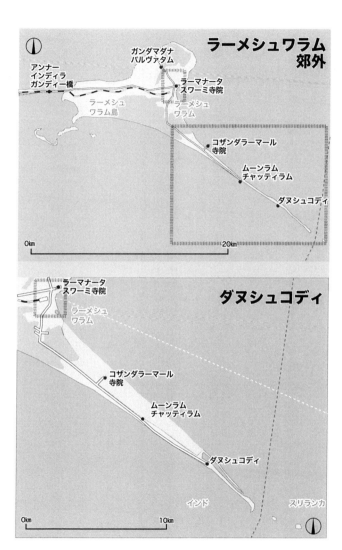

INDIA
南インド

の小屋や網や船など漁の道具が見える。この村はダヌシュコディへの足がかりになる。

ダヌシュコディ Dhanushkodi ［★☆☆］

ラーメシュワラムから伸びる細長い半島に位置する最果ての漁村ダヌシュコディ。ここから猿の軍団がランカー島へ橋をかけたと言われ、小さな寺院が残っている。イギリス領時代にはダヌシュコディまで鉄道が通じ、船がタライマナール（スリランカ）とのあいだを往来していた。現在は静かな白い砂浜が広がり、木造船や漁獲用の網が散在するほか、廃墟となっ

▲左　コザンダラーマール寺院。　▲右　『ラーマーヤナ』の物語に彩られたこの地には多くの巡礼者が集まる

たキリスト教会も見られる。

橋をかける猿たち

魔王ラーヴァナにさらわれたシーター姫の行方をつきとめた神猿ハヌマン。しかし、インド最果てのラーメシュワラムとランカー島のあいだには海が横たわっていた。投降した魔王の弟ヴィヴィシャーナの忠告でラーマ王子が海神に祈ると、海神は「猿の将軍ナラに従え」と告げた。将軍ナラは建築の神ヴィシュヴァカルマンの子で、猿の軍団を指揮して石や大木を使って5日間でランカー島への橋を完成させた。ラーマ

INDIA
南インド

▲左 ランカー島への橋をかけた猿の軍団。　▲右 最果ての漁村ダヌシュコディ、スリランカまでわずかの距離

王子はこの橋を渡って進軍し、魔王ラーヴァナを倒してシーター姫を救い出した。

アダムス・ブリッジ Adam's Bridge ［★☆☆］

インド南東端とスリランカを結ぶ7つの小さな島アダムス・ブリッジ（タミル語で「セートゥ」と呼ばれる）。ラーマ王子が飛び石のように使ってランカー島へ渡ったとも、スリランカの象はアダムス・ブリッジ伝いにインドから渡ったとも言われる。地質学的にはスリランカは南インドのプレートに乗っていて、アダムス・ブリッジあたりは砂州と岩礁が続く。

【MEMO】

INDIA
南インド

干満の差、潮流や渦巻きが激しく、海賊も出没する航海の難所として知られ、かつては「波頭たつ海（グッブ海）」と呼ばれていた。15世紀、「西洋くだり」を行なった中国の鄭和の艦隊はここを通らずスリランカ南端を迂回している。

スリランカへと続く路

INDIA 南インド

神話に彩られたラーメシュワラム
南インドのタミル地方とスリランカとの
接点にもなってきた

ラーメシュワラムのかんたんな歴史

ラーメシュワラムはインド有数の伝統をもつ巡礼地で、7世紀ごろのバクティ詩人にも歌われている。現在のラーマナータスワーミ寺院は、12世紀にスリランカのパラクラーマ・バクー王（在位1153〜86年）がムーラリンガ・ヴィシュヴァナータとアムバール神をまつったことでその基礎ができた。その後、15世紀から断続的に地元領主による寄進が続き、寺院は拡大していった（ラーメシュワラム近郊のマンナール湾では良質の真珠が産出されることから、その利権をめぐって地方領主が争った）。17〜18世紀のナーヤカ朝時代、19

Rameswaram｜スリランカへと続く路

〜20世紀のイギリス領時代もヒンドゥー聖地としての性格が続き、現在にいたる。

スリランカとタミル

ラーメシュワラムの寺院を建立したのがスリランカ王であることからもラーメシュワラムとスリランカのつながりを見てとれる。紀元前3世紀ごろには南インド諸王朝とスリランカ王朝のあいだで争いがあり、現在、スリランカ北部には多くのタミル人が暮らしている。歴史的にスリランカ王のなかには南インドのマドゥライから妃を迎える者も多く、とくに

▲左 日が昇ってから日が沈むまで海で沐浴する人は絶えない。 ▲右 ムーンラム・チャッティラムとダヌシュコディを往復するトラック

11世紀にチョーラ朝がスリランカを領土としたことで多くのタミル人がスリランカに移住するようになった（その後、残党がタミル人国家ジャフナ王国を築いた）。またイギリス植民地下では、多くのタミル人がプランテーション労働者としてスリランカへと渡った。スリランカ社会は、仏教徒でアーリア系のシンハラ人（多数派）と、ヒンドゥー教徒でドラヴィダ系のタミル人（少数派）という構造をもつ。

【MEMO】

【地図】マンナール湾の ［★☆☆］

- [ ] アダムス・ブリッジ Adam's Bridge
- [ ] ラーマナータプラム Ramanathapuram

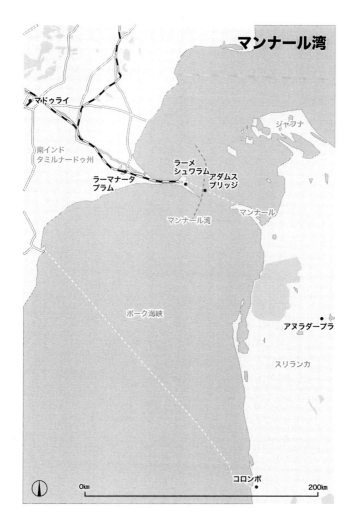

INDIA
南インド

史実から生まれた『ラーマーヤナ』

ラーマ王子が北インドから南インドへ冒険する『ラーマーヤナ』は、紀元前1500年ごろからインドに侵入したアーリア人が南方の原住民を征服していく過程の英雄譚をもとにつくられた。『ラーマーヤナ』に登場する悪魔はインド原住の部族民とされ、ラーマ王子の南進はアーリア人の南進の史実と重なる。2世紀ごろには現在のようなかたちで神話がまとめられ、やがてラーマ王子はヴィシュヌ神の化身と見られるようになった(インドでは史実と神話が区別されていない)。この『ラーマーヤナ』にはさまざまな版があり、東南アジア

Rameswaram スリランカへと続く路

で広く親しまれているほか、日本にも伝わって『桃太郎』のルーツになったとも伝えられる。

参考文献

『新訳ラーマーヤナ』(ヴァールミーキ著・中村了昭訳 / 平凡社)

『ラーマーヤナの宇宙』(金子量重・坂田貞二・鈴木正崇 / 春秋社)

『南アジア史』(辛島昇編 / 山川出版社)

『世界歴史の旅南インド』(辛島昇 / 山川出版社)

『南インドの建築入門』(佐藤正彦 / 彰国社)

『インド建築案内』(神谷武夫 /TOTO 出版)

『世界大百科事典』(平凡社)

まちごとパブリッシングの旅行ガイド

Machigoto INDIA , Machigoto ASIA , Machigoto CHINA

【北インド - まちごとインド】

001 はじめての北インド
002 はじめてのデリー
003 オールド・デリー
004 ニュー・デリー
005 南デリー
012 アーグラ
013 ファテープル・シークリー
014 バラナシ
015 サールナート
022 カージュラホ
032 アムリトサル

【西インド - まちごとインド】

001 はじめてのラジャスタン
002 ジャイプル
003 ジョードプル
004 ジャイサルメール
005 ウダイプル
006 アジメール(プシュカル)
007 ビカネール
008 シェカワティ
011 はじめてのマハラシュトラ
012 ムンバイ
013 プネー
014 アウランガバード
015 エローラ
016 アジャンタ
021 はじめてのグジャラート
022 アーメダバード
023 ヴァドダラー(チャンパネール)
024 ブジ(カッチ地方)

【東インド - まちごとインド】

002 コルカタ
012 ブッダガヤ

【南インド - まちごとインド】

001 はじめてのタミルナードゥ
002 チェンナイ
003 カーンチプラム
004 マハーバリプラム
005 タンジャヴール
006 クンバコナムとカーヴェリー・デルタ
007 ティルチラパッリ
008 マドゥライ
009 ラーメシュワラム
010 カニャークマリ
021 はじめてのケーララ
022 ティルヴァナンタプラム
023 バックウォーター(コッラム〜アラップーザ)
024 コーチ(コーチン)
025 トリシュール

【ネパール - まちごとアジア】

001 はじめてのカトマンズ
002 カトマンズ
003 スワヤンブナート

004 パタン
005 バクタプル
006 ポカラ
007 ルンビニ
008 チトワン国立公園

【バングラデシュ - まちごとアジア】

001 はじめてのバングラデシュ
002 ダッカ
003 バゲルハット（クルナ）
004 シュンドルボン
005 プティア
006 モハスタン（ボグラ）
007 パハルプール

【パキスタン - まちごとアジア】

002 フンザ
003 ギルギット（KKH）
004 ラホール
005 ハラッパ
006 ムルタン

【イラン - まちごとアジア】

001 はじめてのイラン
002 テヘラン
003 イスファハン
004 シーラーズ
005 ペルセポリス
006 パサルガダエ（ナグシェ・ロスタム）
007 ヤズド
008 チョガ・ザンビル（アフヴァーズ）
009 タブリーズ

010 アルダビール

【北京 - まちごとチャイナ】

001 はじめての北京
002 故宮（天安門広場）
003 胡同と旧皇城
004 天壇と旧崇文区
005 瑠璃廠と旧宣武区
006 王府井と市街東部
007 北京動物園と市街西部
008 頤和園と西山
009 盧溝橋と周口店
010 万里の長城と明十三陵

【天津 - まちごとチャイナ】

001 はじめての天津
002 天津市街
003 浜海新区と市街南部
004 薊県と清東陵

【上海 - まちごとチャイナ】

001 はじめての上海
002 浦東新区
003 外灘と南京東路
004 淮海路と市街西部
005 虹口と市街北部
006 上海郊外（龍華・七宝・松江・嘉定）
007 水郷地帯（朱家角・周荘・同里・甪直）

【河北省 - まちごとチャイナ】

001 はじめての河北省
002 石家荘
003 秦皇島
004 承徳
005 張家口
006 保定
007 邯鄲

【江蘇省 - まちごとチャイナ】

001 はじめての江蘇省
002 はじめての蘇州
003 蘇州旧城
004 蘇州郊外と開発区
005 無錫
006 揚州
007 鎮江
008 はじめての南京
009 南京旧城
010 南京紫金山と下関
011 雨花台と南京郊外・開発区
012 徐州

【浙江省 - まちごとチャイナ】

001 はじめての浙江省
002 はじめての杭州
003 西湖と山林杭州
004 杭州旧城と開発区
005 紹興
006 はじめての寧波
007 寧波旧城
008 寧波郊外と開発区
009 普陀山
010 天台山
011 温州

【福建省 - まちごとチャイナ】

001 はじめての福建省
002 はじめての福州
003 福州旧城
004 福州郊外と開発区
005 武夷山
006 泉州
007 厦門
008 客家土楼

【広東省 - まちごとチャイナ】

001 はじめての広東省
002 はじめての広州
003 広州古城
004 天河と広州郊外
005 深圳（深セン）
006 東莞
007 開平（江門）
008 韶関
009 はじめての潮汕
010 潮州
011 汕頭

【遼寧省 - まちごとチャイナ】

001 はじめての遼寧省
002 はじめての大連
003 大連市街
004 旅順
005 金州新区

006 はじめての瀋陽
007 瀋陽故宮と旧市街
008 瀋陽駅と市街地
009 北陵と瀋陽郊外
010 撫順

【重慶 - まちごとチャイナ】

001 はじめての重慶
002 重慶市街
003 三峡下り（重慶〜宜昌）
004 大足

【香港 - まちごとチャイナ】

001 はじめての香港
002 中環と香港島北岸
003 上環と香港島南岸
004 尖沙咀と九龍市街
005 九龍城と九龍郊外
006 新界
007 ランタオ島と島嶼部

【マカオ - まちごとチャイナ】

001 はじめてのマカオ
002 セナド広場とマカオ中心部
003 媽閣廟とマカオ半島南部
004 東望洋山とマカオ半島北部
005 新口岸とタイパ・コロアン

【Juo-Mujin（電子書籍のみ）】

Juo-Mujin 香港縦横無尽
Juo-Mujin 北京縦横無尽
Juo-Mujin 上海縦横無尽

【自力旅游中国 Tabisuru CHINA】

001 バスに揺られて「自力で長城」
002 バスに揺られて「自力で石家荘」
003 バスに揺られて「自力で承徳」
004 船に揺られて「自力で普陀山」
005 バスに揺られて「自力で天台山」
006 バスに揺られて「自力で秦皇島」
007 バスに揺られて「自力で張家口」
008 バスに揺られて「自力で邯鄲」
009 バスに揺られて「自力で保定」
010 バスに揺られて「自力で清東陵」
011 バスに揺られて「自力で潮州」
012 バスに揺られて「自力で汕頭」
013 バスに揺られて「自力で温州」

【車輪はつばさ】
南インドのアイラヴァテシュワラ寺院には建築本体に車輪がついていて寺院に乗った神さまが人びとの想いを運ぶと言います。

・本書はオンデマンド印刷で作成されています。
・本書の内容に関するご意見、お問い合わせは、発行元の
  まちごとパブリッシング info@machigotopub.com までお願いします。

まちごとインド
南インド009ラーメシュワラム
～「ラーマーヤナ」と最果ての聖地 [モノクロノートブック版]

2017年11月14日　発行

著　者	「アジア城市（まち）案内」制作委員会
発行者	赤松　耕次
発行所	まちごとパブリッシング株式会社
	〒181-0013　東京都三鷹市下連雀4-4-36
	URL http://www.machigotopub.com/
発売元	株式会社デジタルパブリッシングサービス
	〒162-0812　東京都新宿区西五軒町11-13
	清水ビル3F
印刷・製本	株式会社デジタルパブリッシングサービス
	URL http://www.d-pub.co.jp/

MP040

ISBN978-4-86143-174-6 C0326　　　　Printed in Japan
本書の無断複製複写（コピー）は、著作権法上での例外を除き、禁じられています。